AF258066

Arrests de la Cour de Parlement, contenant plusieurs Reglemens touchant les charges des Aduocats & Procureurs.

A PARIS,

Chez PIERRE VITRAY, & HEVREVX BLAN-VILAIN, ruë Perduë au college S. Michel, pres la place Maubert.

M. DCII.

SVr la requeste faicte ce iourd'huy iudiciairement par Me Iacques Faye, pour le Procureur General du Roy. La Cour a enjoint & enjoint aux Aduocats, Procureurs & Huissiers d'icelle, d'obeïr & satisfaire à l'arrest du penultiesme Iuillet l'an mil cinq cens iiij xx. trois, duquel a esté presentemét faicte lecture, Fait inhibitions & defenses aux ieunes Aduocats d'étror ny se mesler auec les Procureurs dedans le parquet de l'Audience; Ains leur enjoint soy retirer & tenir es barreaux, Fait aussi defenses aux Procureurs, soliciteurs, & autres, de se tenir debout dedans ledict parquet sur peine d'vn escu d'amende contre les contreuenans, qui sera leuee sans deport. Enjoinct pareillement ausdicts huissiers, qui seront du seruice se tenir deux d'entr'eux à l'entree du parquet, vn dedás ledit parquet pour faire baisser lesdits procureurs, & deux autres par la salle pour faire cesser le bruict & mener prisonniers

A ij

ceux qu'ils trouueront contreuenir audict
arreſt. Faict en Parlemét le 16. Feurier 1588.
LE PREVOST.

EXTRAICT DES REGISTRES
de Parlement.

LA COVR ſur la remonſtrance à elle
faicte par le Procureur General du Roy
pour l'expédition des cauſes des roolles ordinaires au bien & ſoulagement des parties;
A enjoinct & enjoinct aux Aduocats &
Procureurs ſur peine d'améde arbitraire, &
des dómages &intereſts des parties en leurs
propres & priuez noms ; garder les Ordon-
nances & Arreſts, pour le regard des deſer-
tions, appellatiós d'incompetences, defaux
& conſtumaces, taxes de deſpens en la pre-
ſence des procureurs des parties ; folles in-
thimations &autres ſéblables, de les vuider
par expedient dans huictaine apres le delay
ordinaire donné ſuiuant la diſtance des
lieux ; à compter du iour du premier com-
mádement qui ſera faict auſdits procureurs;
Et pour faire droict ſur les cauſes des roolles ordinaires de l'annee preſente, & autres
dont les aſſignatiós ſont eſcheuës, qui n'ont
eſté plaidees ny appellees, & celles dont
les aſſignatiós ſont eſcheuës deux ans ſont,
Ladite Cour appoincte les parties au Con-

ſeil : Ordonne que l'appoinctement en ſera
deliuré par le Greffier ſans plaidoyer ſur les
qualitez du roolle ſans qu'elles puiſſent preiudicier, & pour n'empeſcher l'audience à
l'aduenir, ſeront les appoinctemens de reception d'enqueſte paſſez hors iugeméſ, ioint
les pretendus moyens de nullité : & à faute
de ce faire par les Procureurs ſeront receus
par le Greffier apres deux cómandeméſ de
le paſſer. Et afin d'oſter les excuſes de plaider à faute de communication des roolles
ordinaires, ordonne ladite Cour que le premier Huiſſier ſera tenu d'oreſnauant com-
muniquer les roolles incontinent, & dans
le iour de la publication d'iceux , leſquels à
ceſte fin demeureront en ſon banc, & ne ſeront tranſportez: Et au ſurplus ſera le Greffier des preſentations tenu les mettre & af-
ficher à la barre de la Cour chacū iour de
la ſainct Martin, le tableau accouſtumé, au-
quel tableau ſeront cottez les iours ordinaires des prouinces qui eſcherront, & ſeront
les placets des cauſes miſes au roolle, tran-
ſcrits au long dedans leſdicts roolles, & ſi-
gnez des Procureurs, & le preſent arreſt leu
& publié au premier iour: Publié à la barre
de ladite Cour le 7. iour de Septembre, mil
cinq cens quatre-vingts quinze.

Collation eſt faicte.

A iij

EXTRAICT DES REGISTRES
de Parlement.

LA Covr procedant à la reception d'aucuns Clercs és charges de Procureurs en icelle, voulant pourueoir à l'abus introduit par plusieurs desdits Clercs, n'aiás l'experience : Lesquels pour fauoriser leurs receptions soubz pretexte de commiseratió en leurs personnes, se retirent d'auec leurs maistres, entreprennent de postuler, se chargent d'affaires des parties, achepter bancs & pratiques, & aucuns d'eux se sont tát auácez que de cótracter mariages, portét la robbe, bonnet, & font comme procureurs, dont s'attribuent qualité ; Au preiudice, non seulement des parties dont ils prennent les affaires, n'estans conduictes auec l'experience requise, & des autres Clercs qui ont seruy le temps, & acquis la suffisance, La reception desquels est retardee par les poursuittes des autres, Mais aussi au grand mespris & diminutió desdites charges de procureurs. Apres auoir ouy sur ce le Procureur General du Roy, a faict & faict inhibitions & deffenses à tous Clercs de porter robbe & bonnet, achepter bancs, pratiques, & se charger d'affaires des parties, ny faire ce qui appartient à la charge de Procureur, s'ils ne sont actuellement receuz Procureurs, à peine d'inter-

diction de l'entree du Palais, dommages &
nterests des parties. Outre, defend aufdicts
Procureurs, de prefter leurs noms foubz
quelque pretexte & occafió que ce foit, aufdicts Clercs, ny faire aucunes expeditions
pour, ne auec eux, à peine de nullité d'icelles
& de priuation de leurs charges. A ordóné
& ordóne qu'à l'aduenir ne fera procedé à la
reception defdites charges de Procureurs,
des Clercs ayás bancs, practiques, & affaires
des parties, & ne feront foubz pretexte de
mariages par eux contractez, preferez aux
plus anciens Clercs, demeurans auec leurs
maiftres, à la reception defquels fera procedé ainfi qu'il appartiendra : Se referuans ne-
antmoins par ladicte Cour, de pourueoir
aux vefues & enfans des Procureurs, ainfi
qu'elle verra bon eftre, & à ce que le prefent
Arreft foit notoire au Palais, fera publié à la
Barre, & affigé au Greffe. Publié à la Barre
de la Cour, le quinziefme Decembre, mil
cinq cens quatre-vingts quinze.

VOYSIN.

LA Covr pour l'expedition des causes des roolles ordinaires, demeurez sãs
que lesdictes causes ayent esté appellees, ny
expediees, a enioinct & enioinct aux Procureurs vuider hors iugemēt les causes d'ap-
pel, de defaux, contumaces, deny de ren-
uoy, taxes de despens en presence des Procureurs des parties, desertiõs, folles intima-
tions, & autres causes legeres, dans le delay,
selon la distance des lieux, du iour du com-
mandement qui leur sera faict, & en passer
l'appoinctement au greffe, à peine d'amende arbitraire, dommages & interests des parties. Leur faisant defenses sur les mesmes
peines, faire pour raison de ce incidants à la
Barre, ains se pouruoiront en iugement. Et
quãd aux autres causes desdicts Roolles ordinaires non appellees, & expediees par Arrest, congé ou defaut pour y faire droict appoincte les parties au Cõseil à escrire & pro-
duire, Sauf à reigler, à informer & bailler
contredicts s'il y eschet. Enjoinct aux Procureurs d'en signer & passer les appoinctemens, & en leur refus apres interpellation
à eux faicte, seront les appoinctemens
au Couseil par le Greffier ou commis expediez sans plaidoyés, ny que les qualitez
puissent

puiſſent preiudicier, & le iour d'iceaux couté
ſur leſdicts roolles qui demeurerôt au greffe
pour y auoir recours. Et neãtmoins ſi aucunes cauſes eſtoient remiſes, à autres roolles
publiez auant leſdicts appoinitez au Côſeil,
expediés & ſignifiez, les parties ſerôt tenues
plaider, autrement ſera donné exploict.
Faict en Parlement le ſeptieſme iour de Septembre, l'an mil ſix cens.

EXTRAICT DES REGITRES
de Parlement.

LA Covr faiſant droict ſur les conclu-
ſions du Procureur General du Roy
enioinct aux Procureurs garder les ordon-
nances expedier hors iugement les cauſes
legeres, meſmes celles qui ſont rêuoyees de
l'audience pour eſtre vuidees par expedient
dans le temps à eux prefix, faire ſi bien eſcri-
re les coppies qu'ils bailleront pour ſignifier
qu'elles ſoiét liſibles, correctes & côformes
aux originaux, à peine de faux, nômer leurs
ſubſtituts, & bailler leurs noms ſuiuant les
arreſts cy deuant donnez, leur faict inhibitions & defenſes faire nouuelles demandes
ni interietter appellations des appointemês
dônez à la barre ny autres, ſans aduis de côſeil ou charge de parties, ny preſter leurs nôs

D

aucuns Clercs & solliciteurs, postulans
contre les defenses de la Cour ny mener
ceux qui leur prestent leurs noms auec les
parties aux cabarets, dont le Procureur general du Roy aura commission pour informer, pour l'information veuë estre procedé
contr'eux, ainsi que de raison. Faict en Parlement le vingt & vniesme Nouembre, mil
six cens.

VOYSIN.

EXTRAICT DES REGISTRES
de Parlement.

LA Cour ayant esgard aux conclusiós
du Procureur General du Roy, a enjoinct & enjoinct à tous les Procureurs garder & obseruer le Reglement du vingt &
vniesme Nouembre 1600. à peine d'améde
arbitraire, & d'autre punition exemplaire
s'il y eschet; Et aux Procureurs de Com-
munauté de faire lire les premiers iours de
chacun mois en leur assemblee, à ce qu'au-
cun n'en pretéde cause d'ignoráce: Et pour
le bien des parties, enjoinct ausdicts Procureurs d'inserer aux appoinctemens & re-
glemens des causes les conclusions & fins
ausquelles tendent les lettres, requestes,
commission ou exploict, afin qu'il apparois-

se par les arrests sur quelle demande sera In-
teruenu la condamnation ou absolution.
Faict en Parlement le quinziesme Auril,
mil six cens deux.

VOYSIN.

EXTRAICT DES REGISTRES
de Parlement.

LA Covr sur la remonstrance du Procureur general du Roy pour l'expedition des causes des roolles ordinaires qui
sont demeurez & demeureront à l'aduenir
sans estre appellees, iugees, ou reglees; A or-
donné & ordonne que le reiglemēt du sept.
Septembre mil six cens, sera gardé & obser-
ué, & suiuant iceluy les appoinctemens au
Conseil es causes qui ne serōt vuidees hors
iugement, expediez, les audiences du Parlement cessees, sur les roolles qui seront mis
au greffe, conformément audict arrest, Publié en iugement le seiziesme Septembre,
mil six cens deux.

VOYSIN.

www.ingramcontent.com/pod-product-compliance
Lightning Source LLC
Chambersburg PA
CBHW062321070726

47596CB00009B/2571